कुत्रानो नदी

# कुआनो नदी

(१९६६--१९७३)

सर्वेश्वरदयाल सक्सेना

राजकमल प्रकाशन

ISBN : 978-81-7178-358-8

**मूल्य :** ₹495



**पहला संस्करण** : 1973
**पाँचवाँ संस्करण** : 2015
This book is printed on **Print on Demand** Technology : 2024

**प्रकाशक :** राजकमल प्रकाशन प्रा.लि.
1-बी, नेताजी सुभाष मार्ग, दरियागंज
नई दिल्ली-110 002
**शाखाएँ :** अशोक राजपथ, साइंस कॉलेज के सामने, पटना-800 006
पहली मंजिल, दरबारी बिल्डिंग, महात्मा गांधी मार्ग, प्रयागराज-211 001
1, अनमोल सोराबजी संतुक लेन, धोबी तलाव, मरीन लाइंस, मुम्बई-400 002
वेबसाइट : www.rajkamalprakashan.com
ई-मेल : info@rajkamalprakashan.com

KUAANO NADI
*Poems* by Sarveshwar Dayal Saxena

# अनुक्रम

कुआनो नदी
सँकरी नीली शांत
जाने कब होगी आक्षितिज, लाल, उद्दाम,
बहुत ग़रीब है यह धरती
जहाँ यह बहती है

# कुआनो नदी

अपने छोटे भाई श्रद्धेश्वर के लिए
जो इस नदी को आज भी
झेल रहा है

बर्फ़ की एक सिल मेरे ऊपर
बर्फ़ की एक सिल मेरे नीचे
बर्फ़ की एक सिल मेरे दायें
बर्फ़ की एक सिल मेरे बायें
लेकिन जाने कैसी यह आग है
जो बुझती नहीं है।

# कुआनो नदी

फिर बाढ़ आ गयी होगी उस नदी में
पास का फुटहिया बाज़ार बह गया होगा,
पेड़ की शाखों में बँधे खटोले पर
बैठे होंगे बच्चे किसी काछी के
और नीचे कीचड़ में खड़े होंगे चौपाये
पूँछ से मक्खियाँ उड़ाते।

मेरी निगाह कुछ कमज़ोर हो गयी है।

दिल्ली की सड़कें दीखती हैं जैसे कुआनो नदी--
नदी जो एक कुएँ से निकली है
जिसे मैं अपने बचपन में
कभी खोज निकालने का उत्साह रखता था।

कुआनो नदी—
सँकरी, नीली, शांत
अभी भी बहती रहती है रात-दिन मेरे सामने
अदेखे को पाने का उत्साह कुरेदती हुई।
बरसात में अपना पाट चौगुना करती
आस-पास के गाँवों को डुबाती
शहर की ऊँची सड़क के
दोनों ओर की नीची ज़मीन को
हरहराते नाले-सा बनाती।
अभी भी मैं एक लंबी शहतीर
अपने घर की दालान से सड़क तक रखकर
वह हरहराता जल पार कर जाता हूँ
जब कि मेरे पिता जाँघ तक धोती उठाये
पानी को हलकोरते आते हैं
कलल-कल, कलल-कल
ज्योंही आने लगती है अँधेरे में आवाज़
मैं लालटेन लेकर बाहर दौड़ता हूँ
शायद यह रोशनी काम आ जाये।

मछलियाँ, जोंक, पनियल साँप
सबके अलग-अलग ढंग हैं पानी में चलने के
मैं आज भी उनका गवाह हूँ
बड़े ध्यान से मैंने देखा है उन्हें।
पीले-पीले मेढकों की छपाक से ही
मैं बता सकता हूँ पानी यहाँ कितना गहरा है
और बरसात खत्म होने पर
इसे सूखने में कितने दिन लगेंगे।

बादल झमाझम बरस रहे हैं
या बरस कर निकल गये हैं
या बरसने के लिए घिघया रहे हैं
कुआनो नदी वैसी ही पसरी रहती है
हर समय मेरी आँखों के सामने।

बहुत ग़रीब ज़िला है वह, बस्ती—
जहाँ मैंने इसे पहली बार देखा था।
मेरे नाना इस नदी में कूद पड़े थे
और निकाल लिए गये थे
ज़िन्दगी से ऊब कर मर नहीं सके।
तट पर न रेत थी न सीपियाँ,
सख़्त कँकरीली ज़मीन थी काई लगी,
कहीं-कहीं दलदल था, झाड़ियाँ थीं दूर तक
जिनमें सोते कुलबुलाते रहते थे
और चिड़ियाँ एक टहनी से दूसरी टहनी पर
शोर करती झूलती रहती थीं।

बहुत सँभल कर मैं अब भी जाता हूँ
नरसल की हरी छड़ियाँ काट कर लाता हूँ
उनसे लिखने की कलमें बनाता हूँ
दूसरे उन से पिपिहरी भी बना लेते हैं
जिसे बड़े शान से बाँसुरी कहते हैं,

उन पिपहरियों की आवाज़
आज भी सुनायी देती है मुझे
दिल्ली की इन सड़कों पर।

यह नदी मुर्दघाट के लिए मशहूर है।
कुआनो जाने का मतलब
किसी को फूँकने जाना है।
मेरे पिता को हर शव-यात्रा में जाने का शौक़ था।
अक्सर वह आधी-आधी रात लौटते
और लकड़ियाँ गीली होने की शिकायत करते।
माँ से कहते—'कुछ लोग अभागे होते हैं
उनकी चिता ठीक से नहीं जलती'
और हर अभागे की यही आख़िरी कहानी
मैं आज भी सुनता हूँ।

इस नदी के किनारे
कोई मेला नहीं लगता।
न ही पूर्णिमा-स्नान होते हैं।
एक मंदिर है
जो बहुत कम खुलता है
जिसकी सीढ़ियाँ
अहदियों के बैठने के काम आती हैं।
मैं अक्सर वहाँ बैठा रहता हूँ
और दालान के कोने में
टूटा, जाला लगा चमड़े का
एक बहुत पुराना बड़ा ढोल टँगा

देखता रहता हूँ जो अब बजता नहीं
और तेज़ हवा में
खड़खड़ाते विशाल झीने पीपल के पेड़ से
दैवी स्पर्श की तरह
किसी जालीदार पीले पत्ते के अपने ऊपर
गिरने की प्रतीक्षा करता रहता हूँ।
पुल पर—
दही के मटके लिए एक-एक कर अहीरों को
जाते देखता हूँ
वे सब शहर में दही बेचकर गाँव लौटते होते हैं
कभी-कभी किसी के सिर पर लकड़ियों
के बोझ भी होते हैं
या गठरियाँ, ख़रीदे सौदे-सुलुफ़ की
उनकी परछाइयाँ शांत हरे जल पर अच्छी लगती हैं।

तट से लगा हुआ एक बाँध है
जिस पर ऊँचे-ऊँचे छायादार दरख़्त हैं।
जिनके नीचे से सड़क जाती है
कई तीखे घुमाव लेती,
सड़क पर अधिकतर बैलगाड़ियाँ चलती हैं
कभी-कभी कोई एक्का भी
परदा बाँधे, औरतों-बच्चों को बैठाए डगमगाता,
और फिर एक सायकिल धूल से भरी हुई,
भेड़-बकरियों के गल्ले,
नये ख़रीदे रँगे सींगों वाले बैल घंटियाँ बजाते
जिनकी आवाज़ धीरे-धीरे दूर होती जाती है।

पीला-पीला सूरज आसमान में डूबता है
और तभी एक तेज़ नारी-कंठ सुनायी देता है—
'लाली हो लाली'
और सड़क पर, पुल पर, पेड़ों पर अँधेरा छा जाता है।
मेरी निगाह कुछ कमज़ोर हो गयी है।

इस नदी का
इस शहर से कोई संबंध नहीं है।
फिर भी नदी शहर की है।
इसको कोई पियरी नहीं चढ़ाता
न आदमी रामनामी डाले
सुबह तड़के भागते दिखायी देते हैं,
न अधेड़ औरतें ठाकुर जी का
सिंहासन लिए बतियाती जाती हैं।
दूधवाले पानी मिलाने
या प्राइमरी स्कूल के शिक्षक निवृत होने
अवश्य यहाँ रुकते हैं
और बंदर शाखों से उतर कर
इसके किनारे बैठे रहते हैं।

धूप में शहर की गंदगी
यहाँ साफ़ होती है
धोबी कपड़े धोते हैं,
आवारा औरतें सिगरेट पीती
गुनगुनाती-लिपटती
अपने ग्राहकों के साथ घूमती हैं।

रात में अक्सर क़त्ल होते हैं
लाशें कई-कई दिनों की पायी जाती हैं।
किसी स्त्री का फेंका हुआ
नया जन्मा बच्चा
कभी जिन्दा कभी मरा मिल जाता है।
शाम होते ही पुलिस
भारी टार्चों से रोशनी फेंकती
पुल पर गश्त लगाती है
और सियार हुआँ-हुआँ करते हैं।
चमगादड़ों के उड़ने से
शाखें खड़खड़ाती हैं
और किसी अकेली चिता की
आख़िरी लपटें, बड़े-बड़े दहकते
अंगारों की आँखों से देखती हैं,
ऊपर आसमान में तारे होते हैं
नीचे नदी चुपचाप बहती जाती है।

यह नदी कगारे नहीं काटती
अपना पाट नहीं बदलती
जैसे बहती थी वैसे बहती है।
आज भी इसके किनारों के गाँवों में
सिंघाड़ों के तालों में
बड़े-बड़े मटके औंधाए
मैं खटिकों को नंग-धड़ंग पानी में घुसे
सिंघाड़े तोड़ते देखता हूँ।
और खटकिनों को तार-तार कपड़ों में

अपना पुष्ट युवा शरीर लिए
घर-घर हँसी और सिंघाड़े बेचते हुए,
लोहारों को धौंकनी के सामने
घोड़े-सा मुँह लटकाए
खुरपी, कुदाल और नाल बनाते हुए,
बढ़इयों को ऐनक का शीशा
सूत से कान में बाँधे
बँसखट के पाये गढ़ते हुए,
और किसी बूढ़े फेरीवाले को
बिसातखाने का सामान गले में लटकाये
हर घर के सामने कमर झुकाए
झिक-झिक करते हुए।

बरसात का पानी
आज भी गाँवों में भरता है
बिना जगत के कुओं के भीतर चला जाता है।
आदमी और चौपाए
खरवा से घायल पैर की उँगलियाँ
और खुर लिए लँगड़ाते चलते हैं,
सुअर लोटते हैं,
पानी में बैठी औरतें खाना पकाती हैं
उनके चूल्हों में टीन की चादरें लगी होती हैं
नीचे पानी रहता है
ऊपर लकड़ियाँ धुआँ उगलती हैं
कभी-कभी लपट भी
जिससे अदहन खौल जाता है,

एक ओर कुत्ते हाँफते बैठे रहते हैं
और दूसरी ओर उनके बच्चे,
जिनकी आँखें अँधेरे में जलती
मिट्टी के तेल की ढिबरियों-सी दिखायी देती हैं।
ढिबरियाँ—जो शाम को केवल घंटे भर के लिए जलती हैं
फिर रात-भर अँधेरा छाया रहता है,
यह अँधेरा हर दूसरे महीने
भरों के घरों में आग लगने पर टूटता है
फूस के घर जल कर राख हो जाते हैं।
भर—जो मजूरी पूरी न पड़ने पर चोरी करते हैं
और एक-दूसरे को दुश्मन मान
उनका घर जलाते रहते हैं
उनकी औरतें रात-दिन आपस में
झगड़ती हैं, गालियाँ देती हैं
अघुआती हैं, बेसुरी आवाज़ में रोती हैं
और बच्चे नाक बहाते नंगे इधर-उधर
हर खुले दरवाज़े की ताक में घूमते हैं।
और इन सबके बीच
कुआनो निर्लिप्त भाव से बहती रहती है
अपना पाट नहीं बदलती।

इस नदी ने मुझे अंधा कर दिया है
मुझे कुछ दिखायी नहीं देता
अपनी ही आकृति क्रूर-कठोर लगती है।
एक बंजर भूमि में
बढ़े हुए नाखून लिए मैं खड़ा हूँ

जैसे उनसे ही नयी फ़सलें उगा लूँगा
जैसे उन्हीं के सहारे
नहरें खींचता
मैं उन खेतों में ले जाऊँगा
जहाँ काँसे की चूड़ियाँ खनकाती
औरतें मुँह अँधेरे दौरियाँ चलाती हैं
निराई और बोआई के गीत गाती हैं
और कटी हुई फ़सलों के बीच
पीली धोती अनवासे
एक साँवली लड़की दौड़ती हुई दिखायी देती है।

नाखून दिन पर दिन बढ़ते जा रहे हैं
और ज़मीन उसी अनुपात से बंजर होती जा रही है
और नदी हर दिल में उसी रफ्तार से शांत
हर विवशता का उपहास-सा करती।
अभी एक डाँगर बहता हुआ निकल गया
अभी एक आदमी बहता हुआ चला जायेगा
जिसकी लाश पर कौए बैठे होंगे
जिन्हें मैं अक्सर दिल्ली की इन सड़कों पर
उड़ता हुआ देखता हूँ
शायद ये हंस हों!
मेरो निगाह कुछ कमजोर हो गयी है।

कुआनो नदी
सँकरी, नीली, शांत
जाने कब होगी
अक्षितिज, लाल, उद्दाम।
बहुत ग़रीब है यह धरती
जहाँ यह बहती है।

(सितम्बर, १९७०)

## कुआनो नदी के पार

अभी भी उस लग्गी की चुभन
मैं अपनी पसलियों पर महसूस करता हूँ
और एक सूखे चीमड़ कंकाल का
रूखा झुर्रियोंवाला हाथ
मेरे गालों से छू जाता है।
मैं कड़कती सर्दी में
पुल से न होकर नाव से
वह उथली नदी अक्सर पार करता हूँ
दिल्ली की इन सड़कों पर।

उसकी सूजी हुई छोटी आँखें पीली पड़ गयी हैं
और वह मुझे एक लाश की तरह देखता है
( जिन्दा आदमियों को भी इस तरह देखने की
उसकी आदत है )

लग्गी पर ज़ोर लगा जब वह उथले पानी में
नाव ठेलता है तब उसकी एक-एक नस फूल
उठती है
जिसे यदि मेरे पास समय होता
मैं आसानी से गिन सकता था
लेकिन मैं हर गँदले पानी में
किसी मछली को देखना पसंद करता हूँ।

मैं चाहता हूँ नदी का पाट चौड़ा होता
मेरी यात्रा कुछ बड़ी हो सकती
लेकिन तट के कीचड़ में नाव
धीरे-धीरे जाकर फँस जाती है।
फिर एक बदबू-सी उठती है
और वह नमक और तेल लगी अपनी
रोटी चुपचाप खाने लगता है।

'मौन रहो और प्रतीक्षा करो
मौन रहो और प्रतीक्षा करो।'
यह मंत्र दोहराता-दोहराता
मैं नाव से उतरता हूँ
और बिना उसकी ओर देखे
तेज़ी से इन इमारतों की बगल से गुज़र जाता हूँ
जिन पर 'सत्यमेव जयते' को खरोंच कर
लिखा हुआ है : 'सब चलता है'
दिल्ली की इन सड़कों पर।

धरती को फोड़कर
ईश्वर के हाथ की तरह
वृक्ष खड़े हैं मुँह लटकाये भावहीन
जिनके नीचे उस आदमी की लाश पड़ी है
जो कल सड़क पर ठंड से मर गया।
इनकी एक कतार भी हो सकती है
लेकिन मेरी आँखें कमजोर हो गयी हैं।
मैं यह मानना नहीं चाहता
कि नदी के पार कुछ नहीं है सिवा लाशों के।

मैं भागता हूँ और देखता हूँ :
यह खेतिहर मज़दूर भूख से मर गया,
यह चौपाये के साथ बाढ़ में बह गया,
यह सरकारी बाग़ की रखवाली करता था
लू में टपक गया,
यह एक छोटे से रोज़गार के सहारे
ज़िन्दगी काट ले जाना चाहता था
पर जाने क्यों रेल से कट गया।

मैं गुमटी पर रुक जाता हूँ
रेलगाड़ियाँ तेज़ी से निकल जाती हैं
सामने एक छोटी-सी बस्ती है
या छोटा-सा जंगल
बात एक ही है—

दलदल के खड़े पेड़ जड़ से सड़ने लग गये हैं
पत्तियाँ काली पड़ रही हैं

कुछ दिनों और हवा की छेड़छाड़
परिन्दों की उछल-कूद
छाल की काई पर मकोड़ों का रेंगना
फिर अंतिम क्षण तक
दूसरों की डालियों से
अपनी डालियाँ उलझा कर
खड़े रहने की कोशिश
बस यही है यहाँ सब का आख़िरी बयान
चाहे पेड़ हो या आदमी ।
ओ ढलते सूरज इसे दर्ज़ कर लो !

क्या आधी जिन्दगी
मैंने यहीं पहुँचने के लिए सिर्फ़ की ?
मैं सोचता हूँ और भागता हूँ
मैं भागता हूँ और सोचता हूँ :

—यह बच्चा है इसका कटा हुआ धड़
बस्ता लिये स्कूल के फाटक पर पड़ा है
इसके हाथ में पत्थर है
जिसे वह पुलिस पर फेंक रहा था,
यह बूढ़ा अपनी सूखती फ़सल के लिए
रात में बरहा काट रहा था,
यह जवान जब कुछ नहीं बना
छर्रों की बन्दूक लिये हवेलियाँ लूटने की
सोच रहा था ।

यह पागल था
पुलिस की हिरासत में
निज़ाम उलटने के गीत गा रहा था,
यह एक किराये के जुलूस का
तमाशा देखते-देखते
अपनी ज़रूरतों पर सोचने लगा था
गोली चलने पर भागना भूल गया,
यह हरिजन था इसे जिन्दा जला दिया गया
यह अनपढ़ ग़रीब था
इसे देवी की बलि चढ़ा दिया गया,
यह आस्थावान धर्मगुरुओं की कोठरी में मरा,
यह अनजानी ऊँचाइयाँ छूना चाहता था
छत की कडी से झूल गया—
मैं देखता हूँ और भागता हूँ
मैं भागता हूँ और देखता हूँ
मैं यह मानना नहीं चाहता
कि नदी के पार कुछ नहीं है
सिवा लाशों के।

मैं अधजले मकानों के पास रुक जाता हूँ
नारे लगाते जुलूस तेज़ी से निकल जाते हैं,
शब्द दम तोड़ती मछलियों की तरह
उलट कर अर्थहीन हो जाते हैं
उनमें और पथराई पुतलियों में
कोई अन्तर नहीं दीखता।

—बम बनाते समय ज़रा-सी चूक से
इसके हाथ-पैर उड़ गये,
बिना कुछ सोचे-समझे
एक लाल किताब हाथ में लिये
ये मौत के साथ जुड़ गये,
उसने सोच-समझकर हड़ताल की
अकेला छूट गया,
विक्षोभ, अपमान और ग़रीबी से
असहाय टूट गया।
क्या कोई यहाँ जिन्दा है ?

मैं न घृणा करता हूँ
न प्यार
केवल समझना चाहता हूँ
धूप में झिलमिलाती पत्ती की चिकनई को
या बर्फ़ में पड़े फूल के रंग को।
जब चढ़ जाती है लतर
झाँझर टट्टर पर,
गिरगिट खड़खड़ाता रेंगता है
सूखी डालियों में
इन रगों में खून दौड़ता क्यों नहीं ?
और इन हज़ारों आँखों की चमक से
कल्ले क्यों नहीं फूटते ?
क्यारियों की नम भुरभुरी मिट्टी में पड़ी
ठंडी खुरपी-सी जिन्दगी को
प्रतीक्षा है जिन हाथों की
वे कहीं गोदामघरों के दरवाज़ों पर

काट कर लगा तो नहीं दिये गए ?
मैं समझना चाहता हूँ
ठीक वैसा ही अँधेरा
यहाँ हर माथे की सिलवटों में क्यों नहीं है
जैसा अँकुरिता धरती की दरारों में होता है ?
मैं न घृणा करता हूँ न प्यार
केवल समझना चाहता हूँ ।

मैं चाहता हूँ और भागता हूँ
मैं भागता हूँ और पूछता हूँ :
क्यों हम आदमी को
आदमी की तरह नहीं देख पाते ?
क्यों ये सब फ़ाइलों में मरे पड़े हैं ?
क्यों ये स्कूलों और कालेजों में,
क्यों ये बड़े-बड़े दफ़्तरों,
ऊँची-ऊँची इमारतों में,
क्यों ये सत्ता की होड़ में,
क्यों ये एक-एक पाई की जोड़-तोड़ में,
क्यों ये थोथे सिद्धांतों के नीचे
दब कर मर गये,
यदि बच रहे
तो फूली लाश की तरह उबर गये ?
क्यों हर हाथ टूटा है ?
क्यों हर पैर कटा हुआ है ?
क्यों हर चेहरा मोम का है ?
क्यों हर दिमाग़ कूड़े से पटा हुआ है ?

क्यों यहाँ कोई ज़िन्दा नहीं है—
चीख़ता हुआ मैं नदी के किनारे
उस नाव पर लौट आता हूँ
जहाँ से
'मौन रहो और प्रतीक्षा करो' को
एक मंत्र की तरह
जपता हुआ उतरा था,
और जहाँ अब वापस लौटा ले जाने के लिए
उस सूखे चीमड़ कंकाल का
रूखा झुर्रियों वाला हाथ भी नहीं रहा,
रोटी का टुकड़ा लिये बेजान पड़ा है।
मैं एक मक्खी की तरह
ख़ुद अपने ऊपर भिनभिनाने लगता हूँ
दिल्ली की इन सड़कों पर।

कुआनो नदी उतनी ही उथली है,
नाव उतनी ही छोटी कीचड़ में फँसी हुई,
मुर्दे उतने ही बेशुमार,
कहाँ हो, ओ क्रांति के सूत्रधार !

(फरवरी, १९७२)

## कुआनो नदी—ख़तरे का निशान

पानी चढ़ रहा है :
ख़ून खौल रहा है,
बहुत क़रीब आ गया है
ख़तरे का निशान।
निर्मल नहीं होती कोई बाढ़—
उफान है, भँवर है,
गंदगी है, अंधा वेग है,
न जाने कहाँ-कहाँ से
बहता आता कूड़ा कतवार है,
आँखों के आगे आक्षितिज
फैला है जूझता मटियाला प्रवाह—
मेरी निगाह कुछ कमज़ोर हो गयी है।

आधी रात वह मेरी साँकल खटखटाता है,

'किसी भी समय बाँध टूट सकता है
निकल चलो मेरे साथ…'
लेकिन मैं शब्दों को संदूक की तरह
मेज़ पर कुर्सियाँ और कुर्सियों पर
चारपाइयाँ रखकर जमाता हूँ।
'यह लड़ाई अब नहीं चलेगी
बहुत क़रीब आ गया है
खतरे का निशान।'
उसकी आँखें व्यंग्य से मेरी ओर देखती हैं।

मुझमें अभी भी
बहुत कुछ बचा ले जाने का मोह है
और नदी को सब कुछ तोड़ने का जोश।
मुझे उसकी आँखों में
सुबह के अखबारों की सुर्खी दिखायी देती है
और मैं देश के नेताओं के चित्र
शृंगारदान से बाँध
उसे रस्सी के सहारे
लाश की तरह छत की कड़ी से लटका देता हूँ।

'उन्होंने अपनी रक्षा का इंतज़ाम कर लिया है
बालू के बोरे खत्म होने पर
बारूद के बोरों की दीवारें खड़ी कर दी हैं
बाँध की सूराखों में तोपें अड़ी हैं
हेलीकाप्टरों पर चढ़ वे मोर्चा सँभाल रहे हैं
निकल चलो मेरे साथ

पानी चढ़ता जा रहा है।'

मैं जल्दी जल्दी
ये सब किताबें चादर में बाँधता हूँ
जिन्हें बचपन से पढ़ता आया हूँ।
'ज़्यादा कोशिश मत करो
पानी पहले नींव ही हिलाता है'

पर मैं गाँठ कसता जाता हूँ।

'जो बहुमूल्य हो, भारी न हो
उसे रख लो, जल्दी करो।'

मैं चारों खाने चित पड़ी
देवमूर्तियाँ देखता हूँ
पहली बार मुझे लगता है
मेरे पास बहुमूल्य कुछ भी नहीं है
मेरी जान तक नहीं,
फिर मैं क्यों सब बचाना चाहता हूँ?

'तुम्हारे पास रोशनी तो होगी?'
—मैं पूछता हूँ

'कड़कती बिजली है
दिलों में, बस।
हर अँधेरा ख़ुद

रोशनी को जन्म देता है
अँधेरे में निकल पड़ो
तो अँधेरा अँधेरा नहीं रह जाता।
जल्दी करो, क्या तुम टार्च ढूँढ़ रहे हो ?'

मैं मेज़ हिलाकर देखता हूँ
कि कुर्सियों पर टिकी
चारपाई पर रखा
शब्दों का संदूक
हिल तो नहीं रहा है।

'क्या तुम सोचते हो
तुम इसे बचा ले जाओगे ?
तेज़ हलकोरों में
सबसे पहले यही लड़खड़ायेगा,
लगता है तुमने कभी बाढ़ देखी नहीं है
जिस पर तुम उसे टिका रहे हो
उस लकड़ी को बहते सड़ते कितनी देर लगती है ?
अब मोह छोड़ो, जल्दी करो।'

मैं किताबों का गट्ठर उठाता हूँ
संविधान की पुस्तक
सरक कर गिर पड़ती है
जिल्द से अलग हो जाती है।

मुझे लगता है चादर छोटी है।

'अब इसे इस हिलती कुर्सी के
पाये के नीचे लगा दो,
कुछ बचाने के लिए
कुछ खोना पड़ता है
जो खोने से डरता है
वह बचा नहीं सकता।'

मैं उसकी ओर देखता हूँ
जैसे कि वह गीता रहस्य हो।

घर के पिछवाड़े बँधी
गांधी जी की बकरी मिमियाती है
और कहीं गोली चलने की आवाज़ आती है।

'यह संकेत है बाहर आने का।'

मुझे धुएं से भरे चायघरों में बैठे
मरियल हकलाते छोकरे याद आते हैं
जैसे बाढ़ में तैरते कछुए
जिनकी पीठ सख्त हो।

इस नदी में
न जाने कितनी बार बाढ़ आयी है
रगों में ख़ून खौला है
पर हर बार अँगीठियों से तमतमाए चेहरों पर
रोटियाँ ही सेंकी गयी हैं

पानी कभी ख़तरे का निशान पार नहीं कर पाया
हर बार पछाड़ खा-खाकर शांत हो गया है,
एकाध पुश्ते टूटे हैं
एकाध गाँव डूबे हैं—
नक्सलबाड़ो, श्रीकाकुलम, मुसहरी,
पानी कछार में फैल
सूखी धरती और सूखे दिलों में जज़्ब हो गया है।
इनसान उस पेड़ की तरह खड़ा रहा है
जिससे बाँध कर निरपराधों को
गोली मारी गयी हो।
कितना आसान है पेड़ के लिए
बिना किसी खरोंच के अपने को बचा ले जाना।

मैं अपनी पसलियाँ टटोलता हूँ
जैसे जेल के ठंडे सींकचे हों।

'क्या तुम्हें यक़ीन है
इस बार बाँध टूट जायेगा ?'
'चंद कोयले ही अगर जल उठें
तो बाकी गीले कोयले भी आग पकड़ लेते हैं।'

उसकी आँखों से निकलता धुआँ
मेरे चारों ओर फैलता जाता है,
मुझे लगता है अभी एक लपट कौंधेगी
और इस हरहराते पानी में आग लग जायेगी।

'अब हम मुजस्सिम असंतोष हैं
पारा किसी की चुटकी में नहीं आता
तुम अभी फ़ैसला नहीं ले पा रहे हो
मैं ले चुका हूँ, जाता हूँ।
पर याद रखो
फ़ैसले पर न पहुँचा हुआ आदमी
फ़ैसले पर पहुँचे हुए आदमी से
ज़्यादा खतरनाक होता है।
बहुत क़रीब आ गया है
ख़तरे का निशान।'

बाहर फिर गोली चलने की
आवाज़ आती है।
गहरे अँधेरे में वह
झमझमाता निकल जाता है
पता नहीं पत्थरों से
या बाढ़ में बहकर आयी
लाशों से ठोकरें खाता।

और मैं फिर निकलने से पहले
चीज़ों को अच्छी तरह देखता हूँ
कहीं कुछ हिल तो नहीं रहा है।

(दिसम्बर, १९७२)

# गरीबी हटाओ

मुद्राराक्षस के लिए

दुख तुम्हें क्या तोड़ेगा
तुम दुख को तोड़ दो,
केवल अपनी आँखें
औरों के सपनों से जोड़ दो ।

## गरीबी हटाओ

गरीबी हटाओ सुनते ही
उसने मिट्टी से अपने बाल धोये
और पालतू बंदर के सामने बैठ गयी
जो उसके जुएँ खाने लगा।
फिर उसने अपनी लुगरी
घाट के पत्थर पर खूब पटकी
जब तार-तार हो गयी
और मैल झंडे की शक़ल में बह निकला
तब वह धूप में तन कर खड़ी हो गयी,
उसका आँचल क़िले पर लगी
शत्रु की सीढ़ियों की तरह
उस पर टिका था
जहाँ से वह समृद्धि को चढ़ते देख रही थी।

गरीबी हटाओ सुनते ही
सबके सब फटे जूते सिलवा
और चप्पलों में कील जड़वा चल दिए,
काफ़ी चल लेने के बाद
जब वे सोचने बैठे किधर जायें
तब तक उनके जूते फिर टूट चुके थे
और वे नंगे पैर थे मोचों की तलाश में।

गरीबी हटाओ सुनते ही
उन्होंने एक बूढ़े आदमी को पकड़ लिया
जो उधर से गुज़र रहा था
और उसकी झुर्रियाँ गिनने लगे,
तेईस वर्ष गिनने के बाद
जब वे हिसाब में भटक गये
तब उन्होंने फिर से शुरुआत की
तब तक उनकी आँखों की रोशनी कम हो गयी थी
भौंहों पर सूरज डूब गया था,
उन्होंने बूढ़े से पूछा—
'क्या वह मशाल ला सकता है',
जब वह हिला-डुला नहीं
एक तरफ़ को लुढ़क गया
और वे आख़िरकार उसे ही मशाल की तरह
ले चलने की सोचने लगे
तब उन्हें मालूम हुआ
उनके कंधों पर मांस नहीं है
और उन्हें मुर्दागाड़ी का इंतज़ार करना है।

गरीबी हटाओ सुनते ही
वे कब्रिस्तानों की ओर लपके
और मुर्दों पर पड़ी वे चादरें उतारने लगे
जो गंदी और पुरानी थीं,
फिर वे नयी चादरें लेने चले गये
जब लौट कर आये
तो मुर्दों की जगह गिद्ध बैठे थे।

गरीबी हटाओ सुनते ही
वे पिचके पेट पर तकिए बाँध
घास के मैदान में खड़े हो गये,
अपना आधा जिस्म गाय
और आधा जिस्म घोड़े की पूँछ में बाँधकर
सारे कछार में घिसट लेने के बाद
जब वे रुके
तब उनकी बत्तीसी झर चुकी थी
और वे गरम पानी खौला रहे थे।

गरीबी हटाओ सुनते ही
वे एक ऊँचे पेड़ पर चढ़ने-उतरने लगे
कभी सिर नीचे होता और पैर ऊपर
कभी पैर नीचे होता और सिर ऊपर,
कुछ दिनों बाद जब सिर और पैर
दोनों का अहसास जाता रहा
तब वे उस पेड़ की खोखल में फँस गये
जहाँ एक पुराने साँप ने अंडे दे रखे थे

जो फूटने ही वाले थे।

गरीबी हटाओ सुनते ही
वे अंधे कुओं में उतर गये
और उन्हें छानने लगे,
ईंट, कंकड़, टूटे घड़े, जंग लगे लोटे
जमा कर लेने के बाद
जब वे कीचड़ से लतपथ बाहर आने को हुए
तब उन्हें उपाधियों से अलंकृत किया जाने लगा
और वह रस्सी काट दी गयी
जिसके सहारे वे कुओं में उतरे थे।

गरीबी हटाओ सुनते ही
वे एक बहुत बड़ी रोटी बेलने लगे,
काफ़ी बेल लेने के बाद
उन्हें पता चला तवे छोटे हैं
और चूल्हे नदारद,
फिर वे हाथ पर हाथ रख कर बैठ गये
जब आटे में फफूँद लग गयी
तब वे उस फफूँद से दवाइयाँ तैयार करने की सोचने लगे
जिनसे भूख का इलाज हो सके।

गरीबी हटाओ सुनते ही
उन्होंने कीड़े पकड़े
और गंदी बस्तियों में छोड़ दिए
और बाहर छोलदारियों में बैठ

उनके वापस लौटने की प्रतीक्षा करने लगे,
जब कीड़े फूलने लगे
और लोग गंदी बस्तियाँ छोड़ भागने लगे
तब वे छोलदारियाँ उठा चल दिए।

ग़रीबी हटाओ सुनते ही
उन्होंने बड़े-बड़े नक्शे बनाए
आँकड़े इकट्ठे किये
और उन्हें रटने लगे
नक्शों की वर्दी पहन
जब वे एक क़तार में खड़े हुए
और राष्ट्रीय धुन बजने लगी
तब उन्होंने क़वायद शुरू की
और एक ही जगह पर पैर पटकने लगे।

ग़रीबी हटाओ सुनते ही
वे हर घायल कान को अपनी ज़बान से चाटने लगे
और ठीक उनके नाप के शब्द बोलने लगे
जब कान छोटे होते शब्द छोटे कर देते
जब कान बड़े होते शब्द बड़े कर देते
इस खींचातानी में शब्द टूट गये
और पहचान से परे हो गये
फिर उन्होंने अपनी ज़बानें सिल लीं
और कानों को पाटने के लिए
रुई की खेती करने लगे।

(नवम्बर, १९७१)

## भुजैनियाँ का पोखरा

चालीस साल पहले वह मरी थी
यहाँ डूब कर
जहाँ मेरी बहिन हर नागपंचमी को
अपनी सखियों के साथ
गुड़ियाँ सिराती थी
और मैं हरे जल पर तैरती गुड़ियों को
रंगीन छड़ियों से मारता था।
उसके नाम से यह पोखरा
लगता है हर गाँव में आज भी है।

भाड़ के सामने काली भूतनी-सी
आज भी वह बैठी है
पसीने से चिपचिपाती देह लिए,
चुप ख़ामोश,
एक-एक चने से अपना भाग्य जोड़ती

दुखती रगें तोड़ती।
उसके अधनंगे बच्चे
भाड़ झोंकने के लिए
दिन भर सूखी पत्तियाँ बटोरते हैं
और शाम को मक्के की रोटी
और नरई का साग अगोरते हैं।
साग के पोपले डंठलों में
साँप के बच्चे होने का भय
खाने के साथ एक उदास संगीत-सा
उनके दिलों में बजता रहता है।
अक्सर वे कुछ और खाने की ज़िद करते
और दूसरों के मुँह से सुनते—
'भुजइन की बिटिया बड़ी छिछिन्नर
भुजिया भात नहीं खाय
एक दिन भुजइन एस एस मरलिस
मकुनी ढकेलले जाय।'

लेकिन सुनते हैं
अब वह पोखरा सूख गया है
पास के छिछले गढ़ों में
नरई का साग भी नहीं है
और न ऊँचाई पर पथरचट्टा
मकुनी भी नहीं मिलती।

फिर भी दिन पर दिन बुझती
उनकी जलहीन कातर आँखों में

कोई गुड़ियाँ फेंकता है
और एक हुजूम उन्हें
रंगीन छड़ियों से पीटता है,
कच्चे टाँके मार से
टिकते नहीं, उधड़ जाते हैं।
'सींवन और मज़बूत होनी चाहिए'
मैं चीखना चाहता हूँ
पर मुँह से आवाज़ नहीं निकलती।

उधड़ती जा रही है
सींवन हर देह की,
टाँके दिन पर दिन कच्चे होते जा रहे हैं,
पर हर हाथ में मारने वाली छड़ियाँ
और मज़बूत और रंगीन होती जा रही हैं।

सारा देश एक ठंडे भाड़-सा दीखता है
सूखी पत्तियाँ उड़ती डोलती हैं
बालू सूखे पोखरे में जल रही है।
चालीस साल पहले वह डूब कर मरी थी
अब डूब मरने के लिए
कहीं चुल्लू भर पानी भी नहीं है।

(जून, १९७३)

## गोबरैले

: १ :

यह क्या हुआ
देखते-देखते
चारों तरफ़ गोबरैले छा गए।

गोबरैले—
काली चमकदार पीठ लिए
गंदगी से अपनी-अपनी दुनिया रचते
ढकेलते आगे बढ़ रहे हैं
कितने आत्मविश्वास के साथ !

जितनी बिष्ठा
उतनी निष्ठा।

कितनी तेज़ी से
हर कोई यहाँ रच रहा है
एक गोल-मटोल संसार
और फिर उसे
तीखी चढ़ाइयों
और ऊबड़-खाबड़ ढलानों पर
ठेलता जा रहा है।

देखने-सुनने और समझने के लिए
अब यहाँ कुछ नहीं रहा—
सत्ताधारी, बुद्धिजीवी,
जननायक, कलाकार,
सभी की एक जैसी पीठ
काली चमकदार,
एक जैसी रचना
एक जैसा संसार।

पच्चीस वर्षों से लगातार
यही देखते-देखते
लगता है हम सब
गोबरैलों में बदल गए हैं,
यह दूसरी बात है
कि अपना संसार रचने के प्रयास में
हम औंधे गिर पड़े हैं;
हमारे नन्हें-नन्हें पैर
इस शून्य में निरंतर चल रहे हैं

और चलते जा रहे हैं
जब तक यह विराट आकाश
एक गंदी गोली में न बदल जाए।

: २ :

अच्छे से अच्छा शब्द फूलकर
गोबरैले में बदल जाता है
और बड़े से बड़े विचार को
गंदी गोली की तरह ठेलने लगता है—
चाहे वह ईश्वर हो या लोकतंत्र।

गोबरैले चढ़ रहे हैं
गोबरैले बढ़ रहे हैं
और हम सब
ग़लीज़ इश्तहारों से लदी
दीवार की तरह निर्लज्ज खड़े हैं।

क्रांति के नाम पर
यदि ये कभी कुचल भी गये
तो कहीं ख़ून नहीं होगा
एक लिजलिजे पीले मवाद-सा
चारों तरफ़ कुछ फैल जायेगा।

: ३ :

हरे हैं जंगल
हरे हैं घाव

हरे हैं दुख
लेकिन सब काला-काला दीखता है
(इन्हीं गोबरैलों के कारण)

काली हैं आँधियाँ
काला है ख़ून
काले हैं मन
लेकिन सब हरा-हरा दीखता है
(इन्हीं गोबरैलों के कारण)

(दिसम्बर, १९६९)

## हम ले चलेंगे

हम ले चलेंगे
हम ले चलेंगे
चिल्लाते मिलते हैं
बस अड्डे पर कुली
और मंच पर नेता।
देखते ही देखते
सिर पर से बक्स ग़ायब हो जाता है
और मंच से जवाब।

किसी सूखाग्रस्त गाँव के
कुत्ते की तरह
सिवान पर दम तोड़ता
मिलता है हर सवाल,
जहाँ लिखा है—

'यह जगह आपकी है
कृपया इसे गंदा न कीजिए।'

(२० मार्च, १९७०)

## दुकेली मौत

उसने कहा, सुनते हो ?

................

मैं चुप रहा ।

................

मैंने कहा, सुनती हो ?

.... ...........

वह चुप रही ।

................

मैंने कहा, एक टुकड़ा रखा है ।

................

वह बोली नहीं ।

................

मैंने कहा, गुड़ भी है ।

................

वह चुप रही, सो गयी।

मुझे फिर नींद-सी आने लगी।
जब आँख खुली मैंने देखा,
चींटे उसकी ओर लपके जा रहे हैं।

मैंने आँखें बन्द कर लीं।

धीरे-धीरे चींटे हाथियों में बदलने लगे।
फिर पिघलकर फैल गये।
फिर....
फिर कुछ भी दिखाई देना बन्द हो गया।

काला गहरा अँधेरा छा गया।

(१८ जुलाई, १९७३)

## बाँसगाँव

कच्ची सड़क की धूल
मेरी आत्मा पर जम गयी है
और क़स्बे की ढेबरियाँ
बिना हवा के जलती हैं।

स्कूल बन्द है
सूने बरामदे में वर्णमाला की
फटी हुई किताब-सी
एक पिचकी गेंद
हवा में उछालती
स्मृतियाँ मेरी माँ के साथ सो गयी हैं।

सड़क के किनारे एक पूरे पके कटहल के कोये खा
वह डकारता चला गया,

धूप से जले नंगे काले जिस्म पर
सफेद जनेऊ की चमक
नहीं बन पायी चमक मेरी आँखों में।
अभी फिर भूरे छप्परों के धुएँ के साथ-साथ एक चीख़
कंधे पर रखी लाठी की तरह
मेरे दीदों से टकरा गयी
और हैज़े से मरे आदमी को
चुपचाप लोग उठा ले गये।

दिलों का अँधेरा सिकुड़ता-सिकुड़ता
काली बकरियों में बदल गया है
जिनकी पीली आँखों में थिर है विराम,
जो मौत के पहले मिमियाने को आज़ाद हैं,
और जिनका ख़ून
मंदिर से रेंग कर कचहरी के अहाते तक
निरंतर बह आता है—
और एक बेफ़रियाद क़त्ल की हुई लाश
सँकरी गली में खड़े साँड के मुख की ख़ामोशी में
हर बार एक उम्र के लिए जुगाली करती रह जाती है

आदमी गुप्ती है
जो एक झटके से तेज़ धार में बदल जाता है।

मच्छरों के साथ भनभनाती
बेंग के साथ उछलती
शाम, रोज़ थके मुसाफिर-सी

बस के अड्डे पर उतरती है
कच्ची सड़क के हिचकोलों से अपनी कमर पकड़े
धूल-धूसरित,
और हर बार तेलही मिठाइयों और पकौड़ियों के बीच
पच्चीस साल से लाठी टेकती ललचाती पागल बुढ़िया में
बदल जाती है
जिसकी गालियों में कोई अर्थ नहीं रह गया है
जिसकी गरीबी मज़ाक है
और जिसकी भूख भोथरी संवेदना पहटने का चमड़ा।

बाँसगाँव एक पत्थर है
दानवीर सेठ लोकतंत्र का
जो बंद प्याऊ पर लगा है
जिससे पीठ टिकाए, इस जलती धूप में
आज भी खड़ी है मेरे साथ हाँफती गरीबी।

(१५ मई, १९७२)

## जब पसलियाँ ही क़िला हों

जब पसलियाँ ही क़िला हों
तब शत्रु छोटा पड़ जाता है।
संकल्प की दुर्लंघ्य खाई के बीच खड़ा आदमी
न गिरता है, न टूटता है
तोपों के गोले नाकाम हो जाते हैं।

बड़ी से बड़ी फ़ौज को मैंने
इस खाई में उतरते और फिर
विलीन हो जाते देखा है।
स्वाभिमान से मरते हुए आदमी की
एक उपेक्षा भरी हँसी
बुलेट से ज़्यादा गहरा घाव करती है
एक लाश की छाती
विजेता की छाती से ज़्यादा चौड़ी होती है।

अक्सर ऐसा होता आया है
कि आज़ादी का नाम लेनेवाले की ज़बान
आततायी काट लेते रहे हैं
और लाखों ऐसी ज़बानों की माला पहन कर
खड़े हो गये हैं,
लेकिन आवाज़ गयी नहीं है।

एक कटी हुई ज़बान
करोड़ों सिली हुई ज़बानों को खोल देती है।

तुम अपनी विजय का झंडा
आकाश में बहुत ऊँचाई पर फहरा सकते हो
लेकिन इनसानियत का सर
एक लाश के घाव के सामने ही झुकता है—
आज़ाद आदमी की लाश के घाव के सामने,
क्योंकि उसमें से ऐसी रोशनी फूटती है
जो कभी गुल नहीं होती
सदियों तक उसके सहारे
धर्मग्रन्थों पर बैठे
निरीह ईश्वर का मुँह देखा जा सकता है।

(१८ अप्रैल, १९७१)

## एक बस्ती जल रही है

एक बस्ती जल रही है
और सारी दुनिया
कुएँ की जगत पर पाँव पसारे बैठी है।

दूर बिना पहियों के दमकल खड़े हैं,
और आग बुझाने वाले
बार-बार अपनी पोशाक
उतारते और पहनते हैं।
ज़रूरी है यह देखना
कि जूते के फ़ीते ठीक बँधे हैं या नहीं
और क्रीज़ ताज़ी और सलामत है
चेहरों पर चिकनी हजामत की चुस्ती है
और चलते समय सबके क़दम ठीक मिलते हैं।
हो सकता है वे समवेत स्वरों में

नियमावली खोलकर पढ़ें
और दमकलों के पीतल को चमकाने लग जायें।

यह ऐतिहासिक तथ्य है
कि अपनी आग अपने को ही बुझानी पड़ती है,
सभ्यता इस स्तर तक पहुँच गयी है
कि एक की आग दूसरे के घर का चिराग़ बन जाये।

आने दो हाहाकार चीत्कार
चारों तरफ़ सोख़्तों के पहाड़
वे खड़े कर देंगे
प्रतिध्वनि तक लौट कर नहीं आयेगी।
आने दो बहती ख़ून की नदी
चारों तरफ़ सोख़्तों के पहाड़ वे खड़े कर देंगे
सब सूख जायेगा—लाल,
कल जिनके शिखरों पर
उनके झंडे लग चुके होंगे।

इतिहास गूँगा होता है
इसे कौन नहीं जानता!

बेकसूर लाशों के पास
हर बार बिलखती है,
अकेली असहाय करुणा
जब कि खाइयों में तनी बंदूक के चारों तरफ़
एक दुनिया खड़ी रहती है।

आँसुओं से भीगे बालों पर
चमक मशीनगन की
दीखती है हेयरपिन-सी
आदमी को न बंदूक होते देर लगती है
न लाश होते ।

सैनिक बूटों की समवेत ठोकर से
हर बार सूरज काला पड़ जाता है
महज़ उन कंधों से रोशनी फूटती है
जो लाशें उठाकर ले जाते हैं,
वे बदहवास होते हैं
नंगे पैर, कभी-कभी चीथड़े पहने,
शोक में सिर झुकाये,
बिना हजामत के,
प्रार्थनाएँ करने के लिए
उनकी ज़बान नहीं खुलती
आँसू बहने लगते हैं ।

शब्द यदि बुलेट होते
तो वे तानाशाहों की छाती पर बैठे होते ।

पर ऐसा नहीं होता
इसे कौन नहीं जानता !
दुनिया देखती रहती है
और वे पड़े रहते हैं—मुक्ति सेनानी,
इस बार भी वह पड़ा है

घायल, दम तोड़ता,
खींचता नक्शा पीली धूल में
अपने देश का
फिर रक्त से उसे घेरता लाल
और फिर मृत पड़ती पुतलियों की हरियाली में
उसे उतारता।

वहीं वह भी है तानाशाह—
पंख फड़फड़ाता,
उचक-उचक बढ़ता बूढ़े गिद्ध-सा,
चीखता, पैंतरे बदलता
फिर उन पुतलियों को खाता,
इस तरह झंडे उतारता आज़ादी के स्वप्न का,
फिर धरती से उड़कर
बहुत ऊँचाई पर जा बैठता
इतिहास के तरुशिखरों को जलाता।

ऐसा क्यों होता है
कि हम मृतकों की संख्या
अंगूर के गुच्छों की तरह गिनते रह जाते हैं
और लाशें सड़ती रहती हैं?
बेकसूर लाशें—
ममता भरी औरतों
और निश्छल विश्वास भरे बच्चों की
पूजा करते वृद्धों
और सच्चाई खोजते युवकों की,

क्या आज़ादी की भावना
दुनिया का सबसे संहारक अस्त्र है
जिसे समाप्त करना
सबसे अधिक ज़रूरी है ?

देखो देखो—
वे आज़ाद आदमी से डरते हैं,
सारी दुनिया आज़ाद आदमी से डरती है
क्योंकि उसकी हथेलियाँ
इस दुनिया को रचती हैं
और फूल और साँप के फनों का अंतर नहीं जानतीं
उन्हें एक-सा थाम लेती हैं।

मशीनगनों से घिरी
उसकी अकेली तमंचे की आवाज़
शंखध्वनि-सी सुनायी देती है
और एक नयी संस्कृति
मानवता की वेदी पर आ बैठती है।

साँप का फन नहीं है यह आज़ादी की भावना
जिसे तुम कुचल दोगे
वह एक सुगंधि है
जो एक सड़ते नाबदान में
सारी दुनिया के सूअरों के घुघुआते बैठ जाने पर भी
नष्ट नहीं होगी।
तुम जितनी आग बरसाओगे

उतनी ही दूर-दूर तक फैलेगी
धुएँ के साथ ऊपर और ऊपर उठती जायेगी।

इतिहास गूँगा भले हो
पर अंधा नहीं होता कि उसे देख न सके।

एक बार फिर
यह धुआँ उठ रहा है,
एक बस्ती जल रही है,
और सारी दुनियाँ कुएँ की जगत पर
पाँव पसारे बैठी है—
इतिहास देख रहा है।

( १३ अप्रैल, १९७१ )

## शरणार्थी

काली आँधियों
और मूसलाधार बरसात में
इन छोलदारियों में पड़े
याद करने के लिए हमारे पास बहुत कुछ है—
यही कि दुनिया कितनी जल्दी कितना सिमट जाती है,
और ईश्वर कितना असहाय दीखने लगता है।
और आदमी ?
उसकी बात मत करो
बेहतर है कि मुझे किसी
आदमख़ोर जानवर की माँद में ले चलो
कम-से-कम भरा होने पर
वह हमला तो नहीं करेगा।

याद करने दो—

वह नमक जो आज राशन में
तुम्हारी कृपा से मुझे मिला था
कहीं किसकिसा तो नहीं रहा था,
तुमने यदि मुझे धूल से उठाया है
तो हमें भी उसे धूल से उठाना ही था,
पिचकी तश्तरियों में
बीननी थीं कंकड़ियाँ चावल की कनी से।
मैं पेट बजा कर गा सकता था
यदि उस पर मेरा बस होता।

अकृतज्ञ हम नहीं हैं।

याद करने दो—
कितनी बार मैंने हाथ फैलाया है,
बेकसूर हाथ
जो अपने खेतों में पानी देने से लेकर
अपनी कब्र खोदने तक के लिए तैयार था
उसे फैलाया है
तुम्हारे सामने
और ख़ुद को उन लाशों से
बदतर महसूस किया है
जो हमारे साथ-साथ
नदी में बहकर आयी थीं।
अकृतज्ञ मैं नहीं हूँ, ज़िन्दा हूँ।

मैं नहीं जानता

यह जो सिक्का तुमने मुझे दिया है
वह किसका है
किसी मरी हुई चिड़िया के पंख की तरह
वह मेरी मुट्ठी में पसीज रहा है।

याद करने दो—
भागने से पहले
मैं अपने पालतू पक्षियों को
पिंजड़ों से उड़ा आया था या नहीं।
क्या कोई पेड़ आग से बाक़ी बचा था
जहाँ वे बसेरा ले सकें!
क्या आग मेरे घर के ठाकुरद्वारे तक
पहुँचकर बुझने लग गयी थी
जिसमें सुरक्षित थी
मेरे पितामह की दी हुई वंशावलि!

आँधी तेज़ है
और मेरी बहू
बाहर से लौटी नहीं है।
शाम से ही उसके साथ
ठीक वैसा ही एक चेहरा था
जैसे मैंने वहशी सिपाहियों के
गिरोह में देखे थे,
जिन्होंने मेरी बेटी को
अधमरा कर दिया था।
अकृतज्ञ मैं नहीं हूँ

लेकिन कभी-कभी
जिसके हाथ में बंदूक है वह
और जिसके हाथ में सहायता-कोष है वह
एक जैस़ दीखने लगते हैं।

यह न समझिए कि मैं
अपनी बहू की चिन्ता कर रहा हूँ
मेरा बेटा मर चुका है,
और मेरी बेटी आपके अस्पताल में है।
जिस समय वह दबोच ली गयी थी
उस समय वह कई दिनों के भूखे
बछड़े के मुख की जाली खोल रही थी
जिससे कि वह बँसवारी से हो कर
कछार की ओर निकल जाय।

मुझे याद करने दो—
कितनी देर बाद वह बँसवारी जलने लगी थी
और कछार से कब मशीनगनों की आवाज़ आने लगी थी।

आँधी तेज़ है
और बड़ी-बड़ी बूँदें गिरने लगी हैं
मेरी ओर क्या देखते हो !
एक बात बताऊँ....
बहुत ज़्यादा मरे हुए चेहरे देखने के बाद
ज़िन्दा चेहरे भी मरे हुए लगने लगते हैं
और दहशत पथरायी पुतलियों से अधिक

देखती पुतलियों से होने लगती है।
साँस लेते समय अपनी छाती उठते-गिरते देख
डर लगता है जैसे कोई संगीन रख देगा।

पर तुम्हें इससे क्या
तुम एक ऐसे देश में हो
जहाँ आसानी से मेरे हमदर्द बन सकते हो
बिना कुछ खोये दया कर सकते हो
बिना कुछ गँवाए करुणा बरसा सकते हो।
तुम्हारे लिए उदार हो सकना उतना ही आसान है
जितना मेरे लिए मर सकना कठिन है।

मेरा मतलब यह नहीं है
कि मैं तुम्हें उनकी याद दिलाना चाहता हूँ
जो इस शरणार्थी शिविर में
नाम दर्ज होने की प्रतीक्षा करते
छोलदारियों के बाहर मर गये
या तो भूख से
या बीमारी और घावों की यंत्रणा से।

मैंने एक साथ सुनी थी—
सहायता लेकर आयी तुम्हारी ट्रेन की सीटी,
हवाई हमले का सायरन
और मरते आदमी के परिवार की चीख।

याद करने दो मुझे—

क्या किसी और ने भी मुझसे यह कहा था
और उस समय वह किस हालत में था
नंगे भूखे बच्चे को गोद में लिये
या उसे कीचड़ में छोड़
आँखें बन्द कर
उन शब्दों को याद करता जिन्हें वह भूल चुका है।

कितना आसान है यह कह देना
कि मेरा कोई नहीं है
और कितना कठिन
कि मेरा कोई है।

याददाश्त एक पगडंडी है
जिस पर कटे हुए पैर का ख़ून
टपकता जा रहा है।
मुझे अपने जिस्म से प्यार है
और उन हिस्सों की याद आती है
जो कट कर गिरे और छूट गये।
अपने जिस्म का एक कटा हुआ हिस्सा
क्या तुम कहीं छोड़ सकते हो ?
लेकिन तुम्हें यह सोचने को ज़रूरत नहीं है
तुम्हें कुछ भी सोचने की ज़रूरत नहीं है।

आदमी की लाश को
कभी झंडे की तरह फहराया जाता है,
कभी पोस्टर की तरह उठाकर

घुमाया जाता है,
कभी पूजा के लिए रख लिया जाता है
कभी दरख़्तों और मेहराबों पर लटकाकर
कोई ख़्वाब देखा जाता है।

दुनिया लाशों का इस्तेमाल बख़ूबी समझती है।

याद करने दो मुझे—
यह फ़िक़रा मैंने कब सोचा था
उस समय जब मैं मरने से डरा था
या अब जब जीने से डर रहा हूँ।

बहुत सारे लोग हैं
जो बेकसूर भाषा बोलते हैं
और सज़ा पाते हैं,
बेकसूर ज़िन्दगी जीते हैं
और शरणार्थी कहलाते हैं।
पर छोड़ो इसे
काली आँधियों
और मूसलाधार बरसात में
इन छोलदारियों में पड़े
याद करने के लिए हमारे पास
और भी बहुत कुछ है—

एक खेत
एक अमराई

एक नदी
एक नाव

कुछ मछलियाँ
कुछ बच्चे
कुछ बुज़ुर्ग
कुछ धर्मग्रंथ

एक गीत
एक स्वर
एक सपना
एक घर

कुछ साथी
कुछ आशाएँ
कुछ भरोसा
कुछ बाधाएँ
सच, याद करने को बहुत कुछ है।

पर हर बार लगता है
मैं कोई ताबूत खोल रहा हूँ
एक उदास हरहराते प्रवाह में
प्रेत-सा डोल रहा हूँ।

अपनी पहचान खो कर
दूसरों की पहचान का साधन बनने से अच्छा है

कि रोशनियाँ न रहें,
जिससे कि हम
एक-दूसरे के चेहरे न देख सकें।

(१३ मई, १९७१)

## कम्बोदिया

जब शांति
निर्दोष जमे काले ख़ून पर भी
नाख़ूनों की खरोंच जैसो दीखने लगे
तब समझ लो अब कुछ कहने को नहीं रहा ।

जब जंगल जल रहे हों आदमियों के
और बस्तियाँ औरतों बच्चों समेत
खाक में मिल रही हों
तब जान लो अब कुछ समझने को नहीं रहा ।

तब चुपचाप बढ़ कर
उस काले झंडे को सँभाल लो
जिसे कोई अकेला
मशीनगनों के सामने लिये खड़ा हो ।

उस समय शायद तुम्हें एक चीख़ सुनायी दे
जो भय से नहीं संकल्प से निकलती है
और एक लाश अपने पैरों के पास गिरती दिखायी दे
जो अस्त्रों को छोटा करती है।

दबोचने और चबा लिये जाने के बीच
यह जो थोड़ा-सा समय है
उसमें तुम इतिहास लिखने के लिए
नहीं रह जाओगे।

कोई नहीं रह जाएगा।

इस गरीब धरती के
निहत्थे आदमियों की ओर से
कह दो;
जब सारे अस्त्र जवाब दे जायें
तब उस पत्थर से
वे इनसानियत का सिर फोड़ें
जिसे वे चाँद से लाये हैं।

( ९ मई, १९७० )

## दंगों के बाद

जब भी मैंने
आदमी की जानवरनुमा शक्ल बनानी चाही
उसने मेरे हाथ पकड़ लिये
जिसे तुम मन्दिरों और मस्जिदों के
चिड़ियाघर में ख़ूँख़ार जानवरों-सा
ठंडे गोश्त की तरह चबाते हो ।

एक गलीज़ मुख में
ईश्वर का नाम
झिझोड़े-ठंडे गोश्त-सा ।

ऐसा क्यों होता है ?
कि धर्मग्रन्थ छूकर भी
किसी आदमी के हाथ

जंगली जानवर के पंजे में बदल जाते हैं
ज़हरीले नाख़ून से वह
इनसान की सूरत नोचने लगता है,
और ईश्वर का नाम लेते ही
जीभ लपलपाने लगती है,
वह स्त्री के उन स्तनों को चबाने लगता है
जिसने उसे पाला है,
मंत्रों और आयतों की जगह
दहाड़ सुनाई देती है
—वहशी दहाड़
जिसके सामने
वेदी की पवित्र आग
और जलते मकान
एक जैसे हो जाते हैं,
पूजाघरों से आती सुगंधि
जलती लाशों की चिराइँध में बदल जाती है।

मैंने ईश्वर को
शहर की नालियों में पड़ी लाशों के पास बैठे
इन सवालों पर सोचते हुए देखा है
फिर भी ज्यों ही मैं
आदमी की जानवरनुमा शक्ल बनाने चला हूँ
उसने मेरा हाथ पकड़ लिया है
और धीरे से कहा है—
'उन्होंने अपनी नहीं मेरी शक्ल
जानवरनुमा कर दी है'
और सहसा कल की आबाद

और आज की वीरान बस्ती में
वह शृगालों के साथ रोने लगा है।

(१८ मई, १९७०)

## युद्ध के नाम पर

जब कलम में स्याही
और बंदूक में गोली
ठीक एक ही वक़्त पर भरनी हो
तब अपना चेहरा देखते ही बनता है,
कितना नाज़ुक फ़र्क रह जाता है
आदमी से जानवर
या जानवर से आदमी होने में।

मतलब यह—
कि बंदूक में गोली भरते ही
हम वहाँ खाली हो जाते हैं
जहाँ कलम में स्याही भरते ही
हम भरने लग गये थे।

दुश्मन के इलाके के पेड़
जागती नदियाँ,
इठलाते खेत,
सोते गाँव,
सब हमारी संवेदना में
इस तरह बहते चले आते हैं
जैसे डाँठ से छिपे बरहों में पानी ।

युद्ध के नाम पर—
कलम उठा कर
हम सब तहस-नहस नहीं कर पाते
न ही हर एक को मार पाते हैं,
हम बड़ी आसानी से
नफ़रत का मतलब समझते हैं
क्योंकि हम प्यार को पहचानते हैं,
हम कुछ भी इसीलिए मारने हैं
क्योंकि हम बहुत कुछ जिलाये रखना चाहते हैं ।

मतलब यह कि हम
मानव सभ्यता को क्यारियों की तरह निराते हैं
जंगली घास उखाड़ फेंकते हैं
ताकि पूरी फसल बढ़े, फले-फूले,
या सड़ते कूड़े को जलाते हैं

ठीक इसलिए कि ज़हर साफ़ हो।

शत्रु किसी भौगोलिक सीमा का
पर्याय नहीं होता,
वह उतना ही बाहर होता है
जितना अपने भीतर,
उसे हम विवेक की रोशनी में पहचानते हैं।
और विचारों की ऊँचाई से उसका क़द नापते हैं,
उस की बर्बरता हम
इनसानियत के संदर्भ में तौलते हैं,
चंद कीड़ों को मारने के लिए
हम पूरे वन में आग नहीं लगा देते।

कलम उठाते ही
हमें मासूम बच्चे
निरीह औरतें
मेहनतकश भोले गरीब इंसान
सब हमसाया नज़र आते हैं,
उनकी दहशत
हमारी दहशत होती है
उनकी मौत
हमारी मौत,
चाहे वे शत्रु देश के ही क्यों न हों।

हर बेकसूर आदमी की लाश
हमारी कलम की स्याही में
उतर आती है
और हम सिर झुका
उस अनंत प्रार्थना में डूब जाते हैं
जो इंसान के लिए अक्ल की भीख माँगती है।

(१४ दिसम्बर, १९७१)

## यही वह पत्थर है

यही वह पत्थर है
जिसमें मैंने ईश्वर को नहीं देखा।

मेरा सिर मिथ्या गर्व से
ऊँचा न हुआ हो
पर झुका भी नहीं।
बड़ी आसानी से
हर चलती सड़क के किनारे
इसे रखकर मैं बैठ सका
और उस दुर्घटना को
सही-सही देख सका
जो मेरी आत्मा में हर क्षण
घटती रहती है
और जिसे ढंकने के लिए

हमेशा मुझे फूलों की तलाश रही है ।

मैं इसे कहीं भी ले जा सका हूँ
और अँधेरे में इस से ठोकर खाकर
प्रार्थना मंत्रों की जगह
बेतहाशा गालियाँ दे सका हूँ ।

इसने मुझे इनसान की शक्ति पर
भरोसा दिलाया है
और हर कीचड़ पार कराने के लिए
बीच में प्रतिष्ठित हो गया है ।

कल मैं इसे टुकड़े-टुकड़े कर सकता हूँ
उन खिड़कियों और
रोशनदानों पर फ़ेंक सकता हूँ
जो झूठ की दीवारों में लगे हैं ।

क्योंकि मैंने इसमें
ईश्वर को नहीं देखा है
और इससे वह कुछ नहीं माँगा है
जो शब्दों और अनुभवों से परे हो ।

हो सकता है
कल कोई कुत्ता इस पर
पेशाब करके चला जाये
पर इससे मुझे क्या ?

मैं बड़े मज़े में
इस पर सिर रखकर सो सकता हूँ
क्योंकि इसमें ईश्वर नहीं है।

(२९ अक्तूबर, १९६९)

## पथराव

कविता नहीं है कोई नारा
जिसे चुपचाप इस शहर की
सड़कों पर लिखकर घोषित कर दूँ
कि 'क्रांति हो गयी',
न ही बचपना
कि किसी चिड़िया पर रंग फेंक कर
चिल्लाने लगूँ
'अब यह मेरी है'।

ज़बान कटी औरत की तरह
वह मुझे अंक में भरती है
और रोने लगती है,
एक स्पर्श से अधिक

मुझे कुछ नहीं रहने देती
मेरे हर शब्द को
अपमानजनक बना देती है।
जितना ही मैं कहना चाहता हूँ
स्पर्श उतना ही कोमल होता जाता है
शब्द उतने ही पाषाणवत्।

आग मेरी धमनियों में जलती है
पर शब्दों में नहीं ढल पाती।
मुझे एक चाकू दो
मैं अपनी रगें काट कर दिखा सकता हूँ
कि कविता कहाँ है।

शेष सब पत्थर हैं
मेरी कलम की नोक पर ठहरे हुए;
लो, मैं उन्हें तुम सब पर फेंकता हूँ
तुम्हारे साथ मिलकर
हर उस चीज़ पर फेंकता हूँ
जो हमारी तुम्हारी
विवशता का मज़ाक उड़ाती है।

मैं जानता हूँ पथराव से कुछ नहीं होगा
न कविता से ही।

कुछ हो या न हो
हमें अपना होना प्रमाणित करना है।

(९ सितम्बर, १९७२)

## झाड़े रौ महँगुआ

दुइ पैसे का रंग डाल के झाड़े रौ महँगुआ।
तन पर एक न बित्ता कपड़ा
फटो लँगोटी लाँग नहीं,
सदा रहे भँड़ुआ होली के
आज दिना का स्वाँग नहीं,
दोऊ हाथ कीचड़ उछाल के झाड़े रौ महँगुआ।
दुइ पैसे का रंग डाल के झाड़े रौ महँगुआ।
ऐसा कौन बचा है
जिसने नहीं पढ़ाया बुत्ता,
बिन साँकल का द्वार खोलकर
घर में सोया कुत्ता,
रूप बनाए मरी खाल के झाड़े रौ महँगुआ।
दुइ पैसे का रंग डाल के झाड़े रौ महँगुआ।

गली - गली चप्पल चटकाई
भय मुसंड गिरधारी,
सबने ठेंगा ही दिखलाया
काम न आयी यारी,
हर कुएँ में भंग डाल के झाड़े रौ महँगुआ।
दुइ पैसे का रंग डाल के झाड़े रौ महँगुआ।
घर में भूजी भाँग नहीं
औ' बाहर मियाँ मुजफ़्फ़र,
चारों खाने चित्त पड़े हैं
ऐसी खायी टक्कर,
बैंगन खुद को बना थाल के झाड़े रौ महँगुआ।
दुइ पैसे का रंग डाल के झाड़े रौ महँगुआ।

(फरवरी, १९६९)

## गरीबा का गीत

खबर लड़ाई की हमको न भाये
दिल घबराये भैया दिल घबराये।

सायरन चीख़ पड़ा कल आधी रात को
मुन्ना मेरा मचल गया नोन-तेल-भात को।

शाम हुई छा गया हर तरफ़ अँधेरा
अपना ही घर हुआ भूत का डेरा।

लेफ्ट-राइट, लेफ्ट-राइट करता सिपाही
राजा की बूँद-बूँद भर रही सुराही।

कहीं बंदूक चले, कहीं तोप गोला
मालमता निकल गया पड़ा रहा झोला।

कोई करनैल है तो कोई जरनैल है
बैंद जी सफ़ाई करो कान भरा मैल है।

क्या करोगे जान कौन हारा कौन जीता
हाज़मा दुरुस्त करो खाके पपीता।

छोटे-छोटे बच्चों को भी दुश्मनी सिखायी
हाय मेरी अम्मा, हाय मेरी ताई।

चमाचम बूट और लकदक वर्दी
करे जिसे करनी हो आवारागर्दी।

इधर करो साफ़ उधर मकड़ी का जाला
जिसे देखो वही साला टूटा हुआ ताला।

रोटी कहाँ ताड़ी का लगाओ दो घूँटा
बीबी तोड़ाय के भाग गयी खूँटा।

जहाँ जाओ वहीं सब थमाते हैं कद्दू
बाप रहा लद्दू और बेटा है पद्दू।

गीत गरीबा का जो कोई गाये
दरोगा पिटाई करे जेल में जाये।

(१३ दिसम्बर, १९७१)